This is a brilliant, painful, and disturbing work. From the first page, Style/Estilo *will tear you apart. Side effects will linger for weeks. Dorantes' phrasing is blunt and unadorned. A few images circulate, gathering and unraveling meaning each time they recur: branches, birds, flowers, masks, "the skin of sky." An unnamed "cluster of girls" narrates the poem, which is addressed to a murderous "you." Behind each word—and inside each one, and all around it—lurks the violence of contemporary Mexico, and of the author's native Ciudad Juárez. Dorantes works a cruel magic in these pages, transfiguring despair into a decimating beauty. In the original Spanish, and in Jen Hofer's excellent English translation, this book burns with a rage that does not hope for healing.*

—Ben Ehrenreich

STYLE   **ESTILO**

Style
Dolores Dorantes
Estilo
translated by
Jen Hofer

CHICAGO: KENNING EDITIONS, 2016

Style, by Dolores Dorantes
English translation by Jen Hofer
Originally published as *Estilo*, 2011
by Mano Santa Editores, Guadalajara, Mexico

© 2016 by Kenning Editions for Dolores Dorantes and Jen Hofer
Kenningeditions.com
ISBN: 9780984647521
Library of Congress Control Number: 2015946526

Cover image: Henry Darger, *Waves Lure Them From Stand*, © 2015
Kiyoko Lerner / Artists Rights Society (ARS), New York

This book was made possible in part by supporters of Kenning
Editions: Maria Damon, Amber DiPietra, Rachel Blau DuPlessis,
Lyn Hejinian, Pamela Lu, Caroline Picard, Juliana Spahr, and Tyrone
Williams.

A quienes aman la libertad. A la fuerza que crece y avanza desde la Latinoamérica. A Kristen Jackson y Public Counsel por su apoyo incondicional. A Ben Ehrenreich, por acompañarme al psicólogo y a la vida. A Anthony McCann, por existir. A Sesshu Foster y Dolores Bravo, por los maravillosos transcursos. A la bestia maravillosa llamada LA, por destruirme y volverme a armar. A Jen Hofer, Patrick Durgin, Josu Landa, Lucille Zavala, Susana James, Anne Waldman, Stacy Szymaszek, Paul Vangelisti y Lyn Hejinian; por el apoyo institucional, humano y mágico. A Josu Landa y Jorge Esquinca, por sus colmillos. A Rodrigo Flores Sánchez, Jorge Solís, Inti García Santamaría y Juan Manuel Portillo, por la inspiración. A Hugo García Manríquez y Heriberto Yépez, por ser harina de otro costal. A la familia Hofer, por adorar a Jen y ser solidarios con todas sus causas. A Francoise Lapine (Maha Vajra). A mis hermanos Pedro y Luis. A mis hermanas Virginia y Luz del Carmen. A mi madre, Dolores. A Laura Solórzano, Virginia Lucas y Sylvia Aguilar Zéleny. A las mujeres guerrilleras del mundo. Al Ejército Zapatista de Liberación Nacional.

Estilo

o

o

o

o

o

o

o

o

o

o

o

o

o

o

o

o

o

o

o

o

o

o

o

o

o *En Botánica, el estilo de una flor de angiosperma es la prolongación del ovario al final de la cual aparece el estigma. El estilo no contiene óvulos, quedando éstos restringidos a la región del gineceo llamada ovario.*

o *Modo de expresión básico y distintivo.*

"6.—Ramas. Ramas cruzando el aire. Ramas cortando el aire. Atravesando la interminable piel del cielo. Azotando el cielo. Tiras de cielo tienes de nosotras, fervor. Tiras somos. Partes vivas de un árbol. Orfebrería aplicada con dolor sobre el aire, la piel del aire es lo que tienes. La carne azul del cielo. Piel que no puedes pisar. Queremos que quieras abrazarnos. Nos gusta que intentes sujetar el cielo. Nos gusta que tus manos se topen con las ramas. Nos gusta que dirijas las ramas en el aire. Todas queremos que nos cortes. Una racha de pájaros. Queremos que nos tapes la boca. Las hebras de tus venas en calma sobre la piel del cielo. Sostennos desde el pulso, fervor."

"7.—Ciérranos. Destrúyenos la boca. Entra. Tortúranos en otras realidades. Tómanos con la mente y la palabra. Híncanos. Que tu racha de pájaros pase sobre nosotras. Conviértenos en cielo que atraviesan las ramas. Captúranos del cuello como a los animales. Como a los animales, fervor."

"8.—Venimos a visitar tu cama. Un racimo de nenas. Todo era muy ambiguo. Todo estaba sin sangre. Venimos. A abordarte. A buscarte las manos para la tortura. A mancharte para cuando despiertes. Somos un racimo de nenas jugando a que se besan. Tomándote las manos. Deslumbre. No hacemos nada malo. No somos ni dolor ni cansancio ni muerte."

"9.—La imagen negra para ti que duermes. Un vicio transparente. Sé la racha de pájaros. Una racha de pájaros caliente. Sé el zumbido hirviendo. Sé encima de nosotras al final de ese vuelo. Que se estrellen los picos. Que terminen y duelan terminando."

"10.—Todas queremos que nos mantengas vivas. Queremos que nos tengas hirviendo. Que digas sí y más. Que ordenes échense y muéstrenme la lengua. Todas queremos que nos enrojezcas. Que nos atravieses. Queremos recibir el golpe de tu lengua y perdernos. Intenta sujetarnos y pasear con nosotras. Intenta descubrir lo que somos. Somos tus códigos, una hilera de cifras para que nos sometas. Números rojos y brillantes. Hirviendo."

"11.—Una hilera de nenas esperando. Una fila plagada de preguntas. ¿De qué lado del pensamiento te ronda más la muerte? ¿Cuántas piensas que somos? ¿Cómo viniste a ser nuestro maestro? ¿Fervor? ¿Racha de pájaros? ¿Disfrutas al cerrarnos la boca? ¿Esto es ambiguo? ¿Puedes oír los códigos que somos?"

"12.—Orfebrería incrustada con dolor sobre el cielo, queremos dar la vuelta. Queremos que nos tengas bocabajo. Tus códigos ardiendo. La zona que no puedes pisar. Queremos que nos sostengas blandamente. Hilera de fosas y secuestros para tu consumo. Rostros intercambiables. Piernas de muñeca. Cuando tú quieras el cielo abre la boca. Cuando tú quieras el cielo se voltea y te esconde por encima de nuestros arsenales. Nos cubrimos nuestras caras de niña. Somos la guerra."

"13.—Somos la guerra y somos el refugio. El cielo abre la boca para que escondas tu granada. Te esperamos latiendo como minas. Por debajo y por dentro. Por debajo y por dentro. Por debajo y por dentro somos un mar de nenas de ceniza. Somos adolescentes armadas cruzando la frontera. Amo, maestro, lo que no se nos dice. Ciérranos. Móntanos y mantennos vivas."

"14.—Danos una botella y acabaremos con tu mundo. Préndenos y el fuego correrá como plaga. Llegamos hasta tu oficina. Hasta tu máquina. Llegamos hasta tu silla de maestro. Hasta ese mundo que ya no es el mundo. Donde nada se toca y nos besamos. Unimos nuestros labios de niñas mojadas con algún combustible. Danos un bosque. Danos la presidencia."

"15.—Segunda vida. No nos encontrarán más que en los inesperados pasajes de la mente. Este lugar está caliente. Este lugar en el que te has metido está caliente. Somos cientos de nenas. Tendrás que degollar a cada una o afilarnos para custodiar tu memoria. Danos cuchillos. Tenemos que pensar. Bóvedas. Somos minas latiendo. El cielo tiene las piernas más hermosas. Somos perfectas. Úsanos y dáñanos."

"16.—Este libro no existe. Todo lo dicho en nombre de un amor que no dura. El desahucio de cada línea. La droga en que se ha convertido ver la sangre. Ábrenos en este territorio imposible. Ilimitadas. Repetidas. Descubiertas. Estamos aquí como el rastro de un código. Tocamos a tu puerta para que nos nades. Fuego y agua. Estamos dentro de las botellas y los explosivos. Somos el exterminio. El lugar sin país. Amárranos, ponnos la correa. Ordena échense y muéstrenme la lengua: una racha de pájaros."

"17.—Territorio sin puerto, tierra sin paradero, cuerpo de corazón vacío. Lugar desangrado nosotras todas tuyas corriendo. Todas corriendo para entrar en ti. Somos un mar de nenas desnudas. Felices en medio de los alaridos. Llegamos a tu pecho. Armadas con máscaras de niña y lenguas de animal. Casi te mueres. Más que este territorio de la incertidumbre. Somos tuyas. Para tu voluntad y queremos lo nuestro. Vamos avanzando, acomodándonos ahí. Calentando ahí. Corremos como corren la sangre y las lobelias del miedo. Entramos igual que la frescura. Nos colocamos ordenadamente como militares o joyas."

"18.—Cuerpo de corazón vacío. Nos acurrucamos ahí. Somos de corazón cayendo. Somos sin vuelo y somos el vacío. Te ordenamos que tú nos des las órdenes a partir de esta noche. A partir de esta noche siempre será de noche y nunca dejarás esta cama: larga racha de pájaros y una presidencia. Llegamos. Vas a terminar encima de nosotras. Las que tenemos piel de cielo. Las de piernas perfectas. Cara de niña y lengua de animal. A quienes nos tapaste bien la boca y nos pusiste la correa. A las que ordenaste échense y muéstrenme la lengua. Vas a nacer encima de nosotras."

o *Si buscas conscientemente un estilo terminas adoptando una careta, un disfraz con el que eres fácilmente reconocible. Concibo el estilo como una búsqueda de ti mismo. Es más lento, no es seguro que lo encuentres, pero en caso de que eso se produzca, el resultado será auténtico...*

o *En el carpelo diferenciado, prolongamiento filiforme del ovario, que termina en el estigma.*

"19.—Para dormir sobre tu sangre queremos que nos tapes los ojos y nos pongas lo desconocido en la lengua. Llévanos donde nace el fervor y el cielo pierde. Queremos internarnos en lo más caliente. En lo más caliente, fervor. Todas queremos retozar sobre el combustible como si fuera un campo de lobelias. Queremos que nos tapes los ojos y probar. Probar el golpe frío de los sabores que nos hinchan los labios y levantan la guerra. Probar sin ver la pólvora que nos enciende. Recibir sin saber cuántas cabezas están rodando en la ciudad. Ofrécenos."

"20.—Da la vuelta y el cielo abre la boca. Has desparecido entre nosotras. Este es un libro que no existe. Te tenemos rodeado. Cielo y muerte. Cielo y sangre. Perfección y dolor. Somos tuyas cuando tú crees que nos devoras. Somos tuyas con la boca cerrada. Instrumentos de tu fonación. No nos diferenciamos. Saltamos en el aro del cielo. Somos espacio y somos superficie. El cielo tiene un cuerpo que camina. El camino se ha cubierto de sangre."

"21.—Furia. Soporte que camina. Orfebrería de códigos destrozando la noche. Orfebrería sobre un soporte de piel que no resiste. El cielo está latiendo."

"22.—Somos sanguinarias y núbiles. Como tú habías querido. Como nos construiste dentro de tus límites. Minas latiendo bajo el agua que el sol atraviesa. Este cielo es el sol, este sol es el agua, esta agua es nuestro descanso. Nuestro latido mueve tu cuerpo de corazón vacío. Nos acomodamos como militares o joyas. Estamos muy brillantes. Un lugar que no tiene sitio ni salida. Dinos al oído qué quieres."

"23.—En tu simulacro de escritorio todas las cerraduras. Quietas, esperando. Guardando filos y listas de exterminio. Una hilera de nombres. Una secuencia de letras quemando los papeles. Este lugar está caliente y se disfraza de oxígeno. Este lugar está plagado y se viste de campo movido por el viento. Este cielo de sangre que camina."

o *Forma de jugar que corresponde a cada persona. Puede ser de estilo agresivo, defensivo, posicional, táctico.*

o *Vocablo con que se designa al gnomon, aunque con un sentido más amplio aplicando el término tanto si se trata de un elemento vertical como horizontal.*

"24.—Frente al monitor, somos las que esperan la orden para perseguirte. Caminamos distantes y vacías antes de amenazar. Somos tus lobelias de piernas preferidas. Cada vez que agredimos es como darte un beso. Danos la presidencia o la dirección de los disparos. Somos los frutos frescos de la guerra."

"25.—Este libro no existe. Es sólo un monitor plagado por los códigos para que nos entiendas. Queremos que quieras abrazarnos. Este libro no existe. Es un organismo que camina. Ya sabes quienes somos, País. Somos la negación y el tránsito que construye tu trama. Somos la lengua de animal y máscara de niña. Las piernas de muñeca. La luz del monitor. Queremos que nos quieras calientes."

"26.—La escritura nos vence, nos corta la cabeza. La escritura nos prende y nos apaga. Nos hinca hasta besarte. Y no existe. Como mina latiendo: no existe. Como el cielo de sangre. Como nuestro rubor. No quema."

"27.—Preámbulo. Hemos venido a visitarte. Como el golpe pero sin la fuerza. Endeble. En trabajosa construcción. Siempre defendiendo lo clásico."

"27.—Esto no se va a detener hasta que te despiertes así que ríndete. Una racha de pájaros. Un puñado de nenas como flores. Estamos para tu preámbulo. Caminamos a ti. Unas llegamos tarde para colocarnos el bozal. Tenemos máscara de ti, de tus ojos cerrados. Alguien calculó cada rostro. Orfebrería aplicada con dolor sobre la piel del cielo. La mano de alguien dio forma a cada labio. Creó el labio y estimuló el labio. Lo creó como golpe. Alguien nos colocó en la máscara tu labio."

"28.—Obreras como florecitas laboriosas para ti: juntando la miel del drama. De lo que nunca existe igual que este libro desde donde te modulamos cada código. Tras esta superficie no hay más que códigos calientes y veloces estrictamente coordinados. Nos coordinamos como militares o como países. Elegimos colores, químicos y substancias: éste es para la parte donde levantas el lenguaje, éste para cuando abres bien la boca, éste cada vez que selecciones a tus acompañantes, esclavas o alimentos. Una racha de flores."

"29.—Hemos llegado como la negación para que nos extermines en el intento. Tienes que decidir. Cuál medida mental. Con qué lapso y a cuánta intermitencia. Piensa en el tiempo. Lo de todos los días. El tiempo genera preguntas para niñas. La distancia genera medidas para niñas. Nos da lo justo. Las niñas llevamos tu máscara de presidencia perfecta. Cantamos como niñas y enseñamos la lengua de animal. Las niñas—sin fierro y sin madera—trabajamos como flores esclavas, acumulando miel. Estamos como lluvia de pétalos encantadora. Que nos visiten. Que admiren el milagro de caminar sobre las niñas y sobre su sangre. Que vivan el cielo caminando."

"1.—Sobre nuestros cuchillos. Que vengan. Que otras máscaras vengan a entregarte algún premio reconocidas por el mundo. Que vengan disfrazadas de volcán o de selva. De agua purificada. De teléfono o sed. Que vengan simulando tener el combustible y respirando. Que se unan las mentes con el disfraz de presidencia. Preguntas para niñas. Esa vida se sostiene en los códigos. Que venga el disfrazado de arte a besarnos los pétalos. Nuestras máscaras lamerán sus máscaras y nos quedaremos con todo. Que también venga aquella disfrazada de luz, y esa otra disfrazada de lluvia."

"2.—Madera abajo y fierro por encima de nuestras manos. El concreto y la boca quieren repetirse. La cuestión del espacio es juego para niñas. La pregunta del tiempo la respondemos sin despegar la vista de nuestro monitor. El lugar no es humano y germina dentro de nosotras. Vamos a florecer sin tu consentimiento. Semillas que revientan, vegetación que se levanta desde todas las bocas. Frutos de sangre vamos a florecer. Arboles de ceniza. Capullos que se echan a andar químicamente fulgurando."

"3.—Mi fulgor. Brasa que habitas los cuencos de la tierra. Calor corriendo. Casa de corazón. Ciervo que contra resta nuestro odio. Río de calor. Brasa. Casa caminando sin presidencia por la roca de carbón que es el mundo. Correr de tierra. Odio que habita el calor de este río. Casa. Ciervo corriendo por el miedo del mundo. Roca. Fulgor que contra resta los cuencos de este odio."

"4.—Tu cuerpo nos funciona. Tenemos pues un cuerpo con corazón vacío donde acurrucarnos ordenadamente como militares o joyas. De madera y fierro tenemos las paredes. Ahí, acurrucadas, comenzamos a urdir una selva gigante. Ojos que se abren para vernos cuando damos la espalda. Cables, conversaciones. Sumisamente tomamos la correa con la boca y la llevamos a las manos de nadie. Éramos o fuimos cada máscara y cada lengua sedienta. Fuimos o éramos lugar."

"1.—Todas queremos que nos tapen la boca. Una racha de pájaros rasga nuestro cielo. Todas queremos que nos tapen los ojos. El cielo se ha cubierto de sangre. Nosotras queremos lo inmediato. Todas queremos que nos tapen la boca. Queremos lo inmediato. Queremos que nos tapen los ojos. Una racha de pájaros lo nuestro. Cielo. Una mirada en calma como tu superficie y en el fondo un mundo cubierto por la sangre. Todas estamos queriendo sin poder. Soñando bajo el agua. Nos hemos amarrado los bloques necesarios. No saldremos. No nos encontrarán más que en los inesperados pasajes de la mente. Eso somos. Tesoros, nenas como joyas. Ciegas y frescas."

"2.—No nos encontrarán pero estaremos saludando desde el monitor. Hablándote a la cara. Transmitiremos desde la fosa detenida hasta tu desayuno. No habrá más que descomposición. Beberás de ahí. Trabajarás de ahí. Construirás estrellas y levantarás reyes y reinos. Le besarás los pies a la grosería. La pondrás en altares y le dedicarás su pensamiento. Tiempo sin sol. Tiempo sin tiempo."

"3.—Con nuestra boca núbil y números de flor, la grosería. Esperará para encontrarte como una coincidencia."

To lovers of liberty. To the force that grows and emerges from Latin America. To Kristen Jackson and Public Counsel for their unconditional support. To Ben Ehrenreich, for accompanying me to the psychologist and in life. To Anthony McCann, for existing. To Sesshu Foster and Dolores Bravo, for the magnificent passages. To the magnificent beast called LA, for wrecking me and putting me back together again. To Jen Hofer, Patrick Durgin, Josu Landa, Lucille Zavala, Susana James, Anne Waldman, Stacy Szymaszek, Paul Vangelisti and Lyn Hejinian; for support of an institutional, human, and magical nature. To Josu Landa and Jorge Esquinca, for their sharpness. To Rodrigo Flores Sánchez, Jorge Solís, Inti García Santamaría and Juan Manuel Portillo, for their inspiration. To Hugo García Manríquez and Heriberto Yépez, for being beyond compare. To the Hofer family, for adoring Jen and for being in solidarity with all her causes. To Francoise Lapine (Maha Vajra). To my brothers Pedro and Luis. To my sisters Virginia and Luz del Carmen. To my mother, Dolores. To Laura Solórzano, Virginia Lucas and Sylvia Aguilar Zéleny. To the guerrilla women of the world. To the Ejército Zapatista de Liberación Nacional (Zapatista National Liberation Army).

Style

o

o

o

o

o

o

o

o

o

o

o

o

o

o

o

o

o

o

o

o

o

o

o

o

o

o *In Botany, the style of an angiosperm flower is the extension of its ovary at the tip of which the stigma appears. The style does not contain ovules; these are restricted to the region of the gyneceum called the ovary.*
o *Basic and distinctive mode of expression.*

"6.—Branches. Branches crossing the air. Branches cutting the air. Cutting across the interminable skin of sky. Lashing the sky. Of us all you have is shreds of sky, fervor. We are shreds. Live parts of a tree. Goldwork applied painfully onto the air, the skin of air is what you have. The blue flesh of sky. Skin that you cannot trample. We want you to want to hug us. We like that you try to hold onto the sky. We like that your hands knock against the branches. We like that you direct the branches in the air. We all want you to cut us. A gust of birds. We want you to cover our mouths. The strands of your veins calmly against the skin of sky. Hold us from within the pulse, fervor."

"7.—Close us. Destroy our mouths. Enter. Torture us in other realities. Take us with your mind and your word. Bring us to our knees. May your gust of birds pass over us. Convert us in a sky cut across by branches. Capture us by the throat as with animals. As with animals, fervor."

"8.—We came to visit your bed. A cluster of girls. Everything was very ambiguous. Everything was bloodless. We came. To approach you. To find your hands ready for torture. To stain you for when you wake. We are a cluster of girls playing at kissing each other. Taking you by the hands. Dazzle. We aren't doing anything bad. We are not pain not exhaustion not death."

"9.—The black image for you as you sleep. A transparent vice. Be the gust of birds. A gust of birds, hot. Be the whirr boiling. Be on top of us at the end of that flight. May their beaks shatter. May they terminate and ache in termination."

"10.—We all want you to keep us alive. We want you to hold us at a boil. For you to say yes and then some. For you to command us, lie down and show me your tongues. We all want you to redden us. For you to cut across us. We want to receive the blow of your tongue and lose ourselves. Try to hold onto us and take us on a stroll. Try to discover what we are. We are your codes, a line of figures for you to subjugate. Numbers, red and brilliant. Boiling."

"11.—A line of girls waiting. A row overrun with questions. On which side of thought does death most haunt you? How many of us do you think there are? How did you come to be our teacher, our master? Fervor? Gust of birds? Do you enjoy closing our mouths? Is this ambiguous? Can you hear the codes we are?"

"12.—Goldwork inlaid painfully onto the sky, we want to turn around. We want you to have us face down. Your codes burning. The zone you cannot tread. We want you to hold us up pliantly. Line of graves and kidnappings for your consumption. Interchangeable faces. Doll's legs. When you wish it, the sky opens its mouth. When you wish it, the sky turns and hides you atop our arsenals. We cover our girlish faces. We are the war."

"13.—We are the war and we are the refuge. The sky opens its mouth for you to hide your grenade. We wait for you throbbing like mines. Below and inside. Below and inside. Below and inside we are a sea of girls of ash. We are armed adolescents crossing the border. Owner, master, what we are not told. Close us. Mount us and keep us alive."

"14.—Give us a bottle and let's be done with your world. Light us up and the fire will spread like a plague. We arrive at your office. At your machine. We arrive at your teacher's chair. At that world that is no longer the world. Where nothing touches and we kiss each other. We join our girlish lips damp with some kind of fuel. Give us a forest. Give us the presidency."

"15.—Second life. They won't find us anywhere other than in the unexpected passageways of the mind. This place is hot. This place you've gotten yourself into is hot. We are hundreds of girls. You will have to slit each one's throat or sharpen us to watch over your memory. Give us knives. We have to think. Vaults. We are mines throbbing. The sky has the most beautiful legs. We are perfect. Use us and damage us."

"16.—This book does not exist. All that has been said in the name of a love that does not last. Each line dispossessed. The drug that seeing blood has become. Open us in this impossible territory. Unlimited. Repeated. Uncovered. We are here as the trace of a code. We knock on your door for you to swim us. Fire and water. We are inside bottles and explosives. We are extermination. Place without country. Tie us up, put a leash on us. Command us to lie down and show me your tongues: a gust of birds."

"17.—Territory with no harbor, land with no stopping place, body with empty heart. Place drained of blood we are all yours running. All running to enter you. We are a sea of naked girls. Happy in the midst of the howling. We arrive at your chest. Armed with girl masks and animal tongues. You nearly die. More than this territory of uncertainty. We are yours. For your will and we want what belongs to us. We're moving along, arranging ourselves there. Heating it up there. We run like blood runs and the lobelias of fear. We enter like cool air. We place ourselves tidily like soldiers or jewels."

"18.—Body with an empty heart. We curl up there. We are made of collapsing heart. We are without flight and we are emptiness. We command you to give us your commands starting tonight. Starting tonight it will always be night and you may never leave this bed: long gust of birds and a presidency. We arrive. You will end up on top of us. We who have skin made of sky. We with perfect legs. Girl faces and animal tongues. Whose mouths you covered tightly, on whom you put the leash. Who you commanded to lie down and show me your tongues. You will be born on top of us."

o *If you consciously seek a style, you'll end up taking on a mask, a disguise that makes you easily recognizable. I conceive of style as a search for you yourself. It's slower, and you can't be sure what you'll find, but in the event you do find something, the result will be authentic…*

o *In the differentiated carpel, the filiform prolongation of the ovary, which terminates at the stigma.*

"19.—So we can sleep atop your blood we want you to cover our eyes and put the unknown on our tongues. Take us to the place where fervor begins and the sky loses. We want to imprison ourselves in what is most hot. In what is most hot, fervor. We all want to romp atop the fuel as if it were a field of lobelias. We want you to cover our eyes and try. Try the cold smack of the flavors that make our lips swell and instigate war. To try without seeing the gunpowder that sets us ablaze. To receive without knowing how many heads are rolling in the city. Offer us."

"20.—Turn around and the sky opens its mouth. You have disappeared among us. This is a book that does not exist. We've got you surrounded. Sky and death. Sky and blood. Perfection and pain. We are yours when you believe you're devouring us. We are yours with our mouths closed. Instruments of your phonation. We do not differentiate. We jump through the hoop of the sky. We are space and we are surface. The sky has a body that walks. The path has been covered in blood."

"21.—Fury. Walking format. Coded goldwork destroying the night. Goldwork atop the format of skin that doesn't resist. The sky is throbbing."

"22.—We are bloodthirsty and nubile. As you'd wanted. As you constructed us within your boundaries. Mines throbbing beneath the water the sun cuts across. This sky is the sun, this sun is the water, this water is our rest. Our throbbing moves your empty-hearted body. We arrange ourselves like soldiers or jewels. We are very brilliant. A place with neither site nor escape. Say into our ear what you want."

"23.—On your simulacrum of a desk every lock. Motionless, waiting. Stowing blades and extermination lists. A line of names. A sequence of letters burning the papers. This place is hot and disguises itself in oxygen. This place is plagued and dresses up as countryside moved by the wind. This sky of blood walking."

o *A manner of play corresponding to each person.*
  The style might be aggressive, defensive,
  positional, tactical.
o *Word used to designate the gnomon, though in a*
  broader sense, wherein the term might equally
  refer to vertical or horizontal elements.

"24.—Facing the monitor, we are the ones who await the order to pursue you. We walk distant and empty before threatening. We are your lobelias with the most-loved legs. Each time we attack it is like giving you a kiss. Give us the presidency or the direction of the gunshots. We are the fresh fruits of war."

"25.—This book does not exist. It's just a monitor overrun by codes so you might understand us. We want you to want to embrace us. This book does not exist. It is a walking organism. You already know who we are, Country. We are the negation and the transit manufactures your plot. We are animal tongue and girl mask. The legs of a doll. The light of the monitor. We want you to want us hot."

"26.—Writing defeats us, cuts off our head. Writing turns us on and turns us off. It pushes us to our knees until we kiss you. And it does not exist. Like a mine throbbing: it does not exist. Like a blood sky. Like our flush. Does not burn."

"27.—Preamble. We've come to visit you. Like a blow but without force. Feeble. In laborious construction. Always defending the classic."

"27.—This is not going to stop until you wake so give up. A gust of birds. A handful of girls like flowers. We're here for your preamble. We walk to you. Some of us arrive late to put on our muzzles. We have a mask of you, of your closed eyes. Someone calculated each face. Goldwork applied painfully onto the skin of sky. Someone's hand gave form to each lip. It created the lip and stimulated the lip. It created it like a blow. Someone placed on our mask your lip."

"28.—Women workers like laborious little flowers for you: gathering the honey of the drama. Of what never exists just like this book from within which we regulate your every code. Behind this surface there is nothing more than hot and swift codes strictly coordinated. We coordinate like soldiers or like countries. We choose colors, chemicals and substances: this one is for the part where you raise language up, this one for when you open your mouth wide, this one each time you choose your companions, slaves, or foods. A gust of flowers."

"29.—We have arrived like negation so you can exterminate us in the attempt. You have to decide. Which mental measure. With which lapse and at what interval. Think of time. As you do every day. Time generates questions for girls. Distance generates measures for girls. It gives us what's fair. We, the girls, wear your mask of perfect presidency. We sing like girls and we stick out our animal tongues. Girls—without iron and without wood—work like slave flowers, collecting honey. We are like an enchanting rain of petals. May they visit us. May they admire the miracle of walking over the girls, over their blood. May they experience the sky walking."

"1.—Above our knives. May they come. May other masks recognized worldwide come to give you some prize. May they come disguised as volcano or jungle. As purified water. As telephone or thirst. May they come simulating possession of fuel and breathing. May minds unite with the disguise of presidency. Questions for girls. That life sustained in the codes. May he disguised as art come to kiss our petals. Our masks will lick their masks and we'll keep everything for ourselves. May that one come too, she disguised as light, and also that other, she disguised as rain."

"2.—Wood below and metal above our hands. The concrete and the mouth want to repeat themselves. For girls the issue of space is a game. We answer the question of time without shifting our gaze from our monitor. The place is not human and germinates inside us. We will blossom without your consent. Seeds that explode, vegetation that rises up from all mouths. We will blossom fruits of blood. Trees of ash. Shoots that spring into action with a chemical glow."

"3.—My glow. Ember you inhabit the hollows in the earth. Heat rushing. House of heart. Deer that counter acts our hate. River of heat. Ember. House walking with no presidency along the coal rock that is this world. A rush of land. Hate that inhabits the heat of this river. House. Deer rushing through the fear of the world. Rock. Glow that counter acts the hollows of this hate."

"4.—Your body works for us. Then we have a body with an empty heart where we can curl up in an orderly fashion like soldiers or jewels. Our walls are made of wood and metal. There, curled up, we begin to concoct a gigantic forest. Eyes that open to see us when we turn our backs. Cables, conversations. Submissively we take the leash in our mouth and deposit it in the hands of nobody. We were being or we were each mask and each thirsty tongue. We were or we were being place."

"1.—We all want you to cover our mouths. A gust of birds rips against our sky. We all want you to cover our eyes. The sky blanketed with blood. We girls want the immediate. We all want you to cover our mouths. We want the immediate. We want you to cover our eyes. A gust of birds what is ours. Sky. A gaze calm as your surface and deep down a world blanketed with blood. We are all wanting without power. Dreaming beneath the water. We have lashed the necessary blocks to ourselves. We will not get out. They will not find us anywhere other than unexpected passages of the mind. That is what we are. Treasures, girls like jewels. Blind and fresh."

"2.—They will not find us but we will be waving hello from the monitor. Talking right to your face. We will transmit from the imprisoned grave to your breakfast. There will be nothing more than decomposition. You will drink from there. You will work from there. You will build stars and you will raise up kings and kingdoms. You will kiss the feet of rudeness. You will put it on altars and dedicate your thought to it. Time without sun. Time without time."

"3.—With our nubile mouth and flower numbers, rudeness. It will wait to find you as if it were coincidence."

Ex Existence*
Notes on Translating *Estilo*

Language is force, spark, linkage. I have been translating
Dolores's work and collaborating with her on other projects
for over fifteen years. The challenges in translating her
writing are in some ways not different from the challenges
in translating any writing; in other ways they are utterly
unique to the particularities of how her aesthetic and
political consciousness manifests through syntax, word
choice, turn and torque of phrase; in yet other ways they are
utterly unique to the particularities of how our relationship
has been shaped and informed, turned and torqued, by the
topographies of her exile. The challenges in translating
Dolores's texts have become entangled, for me, with the
challenges in the practice of writing itself: of thinking
adventurously, of being willing to take risks and make
errors and start over again from nothing, of constructing
speech where dissent would be silenced, of finding ways
to believe in expression in a world of brutality where it is
difficult to believe in anything, yet impossible to give up,

---

* This translator's note renegotiates some material previously published in
Dolores's and my collaborative posts for the Poetry Foundation's *Harriet*:
poetryfoundation.org/harriet/author/dolores-dorantes-and-jen-hofer/, and
in a couple of instances quotes directly from those posts. Many readers
perceived those texts as written by Dolores and translated by me, though
the work was framed as collaborative and dialogic (not the translator's
invisibility, but the writer's, once the translator has become visible?). In
fact, all the texts with titles beginning with A were written by Dolores; I
intervened with footnotes and translated the texts into English. The texts
with titles beginning with E were written by me; I intervened with footnotes
and translated the texts into Spanish, with editing support from Dolores.

yet impossible to go on, yet urgent to continue.

*

We are unmade. We are undone.

The Spanish verb "hacer" has two meanings in English: to make (or manufacture or create) and to do (or act or undertake). From inside the space between Spanish and English, then, "we are unmanufactured" or "we are unconstructed" and "we are unfinished" or "we are destroyed" is the same. The world folds: two surfaces (which might be one surface) touching.

There is no healing. There is breath. There is body. There is tongue. There is the electrified space between two beings. Or more. Between two modes. Or more. Between two terms.

Amo, maestro, lo que no se nos dice. Aside from their political and structural meanings, this pair of words, amo and maestro—not synonyms, but sometimes used interchangeably—symbolizes a tremendous challenge when it comes to translation. In English, there is a significant difference between "amo" as a person to whom something or someone belongs ("owner," used often to describe a person who is the owner of a pet) and "maestro" as a person in command in a master-slave relationship ("master"); "maestro" also means "teacher," and while "master" carries that connotation historically, it's hardly the first thing anyone would think if they see the word "master." Further, the word "owner" doesn't resonate with the word "master" automatically in contemporary thought. In the era of explicit slavery (as opposed to our current moment, an era of implicit and unrecognized slavery) the "owner" of the slaves was also their "master." But in this moment of late capitalism, the term "owner" with no other referent refers more readily to property (and I'm thinking again here of slavery, where a being becomes an object, and I'm thinking again here of police officers who kill black bodies because they can't recognize them as anything other than objects: No Humans Involved[**]). So perhaps these two terms are related, if not linguistically then functionally and socio-politically; perhaps they mutually resonate. In rewriting Dolores's texts in English, I needed to find a way to construct that resonance in language. So the first time the term "maestro" appears in the work (#11) I translate it as both "teacher" and "master"—"How did you come to be our teacher, our master?"—though the original text uses only one word, maestro. As the word reappears throughout the text, I use one or the other translation, hoping the double resonance will retain, however subterraneously.

Between two terms. Or more. Between a line of minas. Minas: mines (sites of mineral extraction), mines (sites of

***

[**] "No Humans Involved" is a reference to a phrase that some police officers use in the U.S. when the victim of a crime is African American. You can read more about this term in an essay by Sylvia Wynter: http://carmenkynard.org/wp-content/uploads/2013/07/No-Humans-Involved-An-Open-Letter-to-My-Colleagues-by-SYLVIA-WYNTER.pdf.

explosion), and girls (sites of extraction and explosion). The word "mina" in Spanish, which appears in *Estilo* more than once, functions as a hinge, a portal, a cleft. There is, to my knowledge, no simple and straightforward term in English that can hinge in quite this way. The texts in *Estilo* establish in numerous ways that "nosotras / we" references a group of young girls, though that term—nosotras—itself presents challenges for a genderless English-language "us." At times the ungendered elasticity of English feels like a strength of the language, but at other moments ("Que tu racha de pájaros pase sobre nosotras" or "Lugar desangrado nosotras todas tuyas corriendo") the inability to signal gender smoothly is invasive. But the genderless "us" of "May your gust of birds pass over us" fairly quickly becomes "a cluster of girls"; girlishness is present in the work, but mines-as-explosives would not be, without an overt use of that term. There are further reasons of sonic resonance to privilege "mines" over "girls" for "minas." In the context of urgency and violence this book inhabits, it is all too apt to reference mines, those hidden violences that might explode at any instant as we move through the world. We might know they are there, we might fear them, we might try to avoid them, but under no circumstances can we use them as an excuse not to keep walking.

We act and we are acted upon. How we move, what we say, what we make, what we do, creates effects. And how we are moved (styles of hierarchy), what is said about us (styles of categorization), what is made for us (styles of structure), what is done to us (styles of power and powerlessness), create effects. Dolores wrote: No creo, por ejemplo que las metralletas existan. Están ahí, sí. Pero no existen. I wrote: I don't believe, for example, that machine guns exist. They're there, sure. But they don't exist. I wrote: Note to self: think more about distinctions between "estar," "ser," and "existir" (to be, to be, to exist). Effects in turn create ripples, repeating landscapes of risk in movement atop a surface simultaneously reflective and absorbent.

> Sumisamente tomamos la correa con la boca y la llevamos a las manos de nadie. Éramos o fuimos cada máscara y cada lengua sedienta. Fuimos o éramos lugar."

> Submissively we take the leash in our mouth and deposit it in the hands of nobody. We were being or we were each mask and each thirsty tongue. We were or we were being place.

In English we don't differentiate between "estar" and "ser"—our states of transitory being (estar) and essential being (ser) are the same (a cultural problem, surely). Likewise, different states of being or doing in the past are often expressed in the same verb tense. How to separate "eramos" (the imperfect tense, a past action that is ongoing or repeated, "we were") and "fuimos" (the preterite tense, a past action that has been completed, "we were") into two states in English?

The more effects there are (and there are more and more effects all the time) the more ripples there are. The more ripples there are, the more valleys there are between the ripples. Valleys where we can't see what's happening. Where we can't see what's being done, what's being made, where to walk, how to breathe inside risk. What the effects are.

I copy Dolores's phrase: *El lugar que construye el lenguaje.* "El lugar que construye el lenguaje" is the place constructed by language, and it is the place in which language is constructed. To construct and to be constructed simultaneously, repeatingly, in the landscape, in the common place, the uncommon: to exist.

I copied (that is, translated) that phrase into English as "The place language constructs"—a choice, a narrowing, an opening, a foreclosure. Neither identical nor exact. In Spanish, "el lugar que construye el lenguaje" contains a syntactical elasticity that does not want to manifest in English. In English we have either "the place language constructs" or "the place constructed by language"; in Spanish we can have both. Undone and unmade.

*

In a context of implacable rage, of debilitating loss, of shattering brokenness, what options for articulation exist, other than to be enraged and outraged, to be lost, to be broken? In such contexts, where might fissures of resistance open up as a person begins to construct or borrow or reject or inhabit a style? These are the questions for which I do not have and I will not have answers. How is a person to be in such contexts? How can a person do everything in their power not to negate being in such contexts?

*

Language is a force. Language is a violence. Language is an aperture. Language is neutral. Language is charged. Language is an electricity. Language is a spark. Language is a linkage. Language is a wedge. Language is nothing. Language is everything.

Jen Hofer
Los Angeles, September 2015

Ex Existencia[*]
Notas sobre traducir *Estilo*

El lenguaje es fuerza, chispa, nexo. He estado traduciendo
la obra de Dolores y haciendo colaboraciones con ella en
otros proyectos durante más de quince años. Los retos de
traducir su escritura no son, de cierta manera, distintos a los
retos de traducir cualquier escrito; pero de otra manera, son
absolutamente exclusivos de las particularidades de cómo
su conciencia estética y política se manifiesta a través de la
sintaxis, la elección de palabras, el girar y torcer de las frases;
e incluso de otra manera son absolutamente exclusivos de las
particularidades de cómo nuestra relación ha sido formada e
informada, cómo ha girado y se ha torcido por las topografías
de su exilio. Los retos al traducir los textos de Dolores se
han enmarañado, para mí, con los retos en la práctica de
la escritura misma: pensar atrevidamente, estar dispuesta a
aceptar riesgos y cometer errores y empezar de nuevo desde
cero; construir el habla ahí donde la inconformidad sería
silenciada; encontrar maneras de creer en la expresión, en

---

[*] Esta nota de la traductora repasa ciertos materiales publicados previamente
en los posts que Dolores y yo escribimos colaborativamente para *Harriet*, el
blog de la Poetry Foundation: http://www.poetryfoundation.org/harriet/
author/dolores-dorantes-and-jen-hofer/, y en un par de ocasiones, cita a esos
posts directamente. Muchxs lectorxs percibieron esos textos como si fueran
escritos por Dolores y traducidos por mí, aunque el trabajo fue enmarcado
de manera colaborativa y dialógica (¿no la invisibilidad de la traductora, sino
de la escritora, una vez que la traductora se ha vuelto visible?). De hecho,
todos los textos con títulos que empiezan con A fueron escritos por Dolores;
yo intervine con notas a pie y traduje los textos al inglés. Los textos con
títulos que empiezan con E fueron escritos por mí; yo intervine con notas a
pie y traduje los textos al español, con el apoyo corrector de Dolores.

un mundo de brutalidad en el cual es difícil creer en algo, pero en el que es imposible rendirse, pero es imposible seguir adelante, pero es urgente continuar.

*

Estamos deshechxs.** Estamos deshechxs.

El verbo "hacer" en español tiene dos acepciones en inglés: hacer (de fabricar o crear) y hacer (de actuar o emprender). Desde el interior del espacio entre español e inglés, entonces, "estamos desfabricadxs" o "estamos descontruidxs" y "estamos inacabadxs" o "estamos destruidxs" son lo mismo. El mundo se dobla; dos superficies (que podrían ser una superficie) que se tocan.

No hay sanación. Hay respiración. Hay cuerpo. Hay lengua. Hay el espacio electrizado entre dos seres. O más. Entre dos modos. O más. Entre dos términos.

Amo, maestro, lo que no se nos dice. Aparte de su significado político y estructural, este par de palabras, amo y maestro—no son sinónimos, pero a veces son usadas de manera intercambiable—simboliza una enorme dificultad al momento de traducir. En inglés existe una diferencia

---

** El uso de la x implica un rechazo tanto al uso generalizado del lenguaje masculino para referirse a toda la humanidad, como a los binarios de género que sugerirían que todo mundo debe identificarse como "hombre" o "mujer" sin tomar en cuenta las muchas otras posibilidades de identificarse o dejar de identificarse en relación al género. Reconozco que el uso de la x causa ruido en el texto; ese ruido es bienvenido, dado que es el ruido de una nueva y muy necesaria conversación.

significativa entre "amo", como persona a la que pertenece algo o alguien ("owner", usado muy a menudo para describir a una persona que es amo de una mascota) y "maestro", como persona que manda en una relación de maestro-esclavo ("master"); "maestro" también significa "profesor", y mientras la palabra "master" en inglés conlleva históricamente esa connotación, difícilmente sería la primera definición que se le ocurriría a una persona que lee la palabra "master". Además, la palabra "owner" no tiene resonancia con "master" en el pensamiento automático en inglés contemporáneo. En la época de la esclavitud explícita (a diferencia de la actual, de esclavitud implícita y no reconocida), el "amo" de lxs esclavxs también era su "maestro". Pero en este momento de capitalismo tardío, el término "owner" sin otra referencia remite más a la propiedad (y pienso de nuevo en la esclavitud, donde el ser se vuelve objeto, y pienso de nuevo en los policías que matan a los cuerpos negros porque no pueden reconocerlos como algo más que objetos: No Humans Involved [Sin participación humana alguna]).*** Entonces quizá estos dos términos estén relacionados, si no lingüísticamente al menos funcional y socio-políticamente; quizá resuenen mutuamente. Al re-escribir los textos de Dolores en inglés, necesitaba encontrar una manera de construir esa resonancia en el lenguaje. Así que la primera vez que aparece el término "maestro" en la obra (#11), lo

---

*** "No Humans Involved" es una referencia a una frase que usa algunxs agentes de la policía en Estados Unidos cuando la víctima de un delito es una persona Afro-Americana. Se puede leer más acerca de este término en un ensayo de Sylvia Wynter: http://carmenkynard.org/wp-content/uploads/2013/07/No-Humans-Involved-An-Open-Letter-to-My-Colleagues-by-SYLVIA-WYNTER.pdf.

traduje con ambas palabras, "teacher" y "master" —"How did you come to be our teacher, our master?"—aunque el texto original emplee solamente una palabra, maestro. Mientras vaya reapareciendo la palabra a lo largo del texto, uso una u otra traducción, con la esperanza de que la resonancia doble se mantenga, aunque subterráneamente.

Entre dos términos. O más. Entre una hilera de minas. Minas: minas (sitios de extracción mineral), minas (sitios de explosión), y nenas (sitios de extracción y explosión). La palabra "mina" en español, que aparece más de una vez en *Estilo*, funciona como bisagra, portal, hendidura. Que yo sepa, no existe un término sencillo y directo en inglés capaz de "bisagrar" de esta manera. Los textos en *Estilo* establecen de varias maneras que el "nosotras / we" se refiere a un grupo de niñas, aunque ese término—nosotras—en sí presenta dificultades para un "us" en inglés sin género. En ciertos momentos la elasticidad libre de género del inglés me parece una fuerza del idioma, pero en otros momentos ("Que tu racha de pájaros pase sobre nosotras" o "Lugar desangrado nosotras todas tuyas corriendo"), la incapacidad de señalar el género fluidamente es invasiva. Pero el "us" sin género de "May your gust of birds pass over us" rápidamente vuelve a ser "un racimo de nenas"; la naturaleza de la niña está presente en el texto, pero mina-como-explosivo no estaría presente, sin un uso explícito de ese término en inglés. Hay otras razones de resonancia sonora para privilegiar "mines" por encima de "girls" para "minas". En el contexto de urgencia y violencia que habita este libro, resulta demasiada acertada la referencia a las minas, esas violencias ocultas que puedan explotar en cualquier momento mientras nos movemos por el mundo. Tal vez sepamos que están allí, quizá les tengamos miedo, acaso intentemos evitarlas, pero bajo ninguna circunstancia las podemos usar como pretexto para dejar de caminar.

Actuamos y sobre nosotrxs se actúa. Cómo movemos, lo que decimos, lo que construimos, lo que hacemos, crea efectos. Y cómo estamos movidxs (estilos de jerarquía), qué se dice acerca de nosotrxs (estilos de categorización), qué se construye para nosotrxs (estilos de estructura), qué nos hace (estilos de poder e impotencia), crea efectos.

Dolores escribió: No creo, por ejemplo que las metralletas existan. Están ahí, sí. Pero no existen. Escribí: I don't believe, for example, that machine guns exist. They're there, sure. But they don't exist. Escribí: Nota para mí misma: piensa más en las distinciones entre "estar", "ser", y "existir". Los efectos a su vez crean pequeñas ondas que se propagan, un paisaje repetido de riesgo en movimiento por encima de una superficie a la vez reflejante y absorbente.

> Sumisamente tomamos la correa con la boca y la llevamos a las manos de nadie. Éramos o fuimos cada máscara y cada lengua sedienta. Fuimos o éramos lugar.

> Submissively we take the leash in our mouth and deposit it in the hands of nobody. We were being or we were each mask and each thirsty tongue. We were or we were being place.

En inglés no existe la diferencia entre "estar" y "ser"—es "to be" en ambos casos. Nuestros estados de estar (transitorios) y nuestros estados de ser (esenciales) son lo mismo (un problema cultural, seguramente). De igual manera, los distintos estados de ser o hacer en el pasado muchas veces se expresan con el mismo tiempo verbal. ¿Cómo separar "éramos" (el imperfecto, una acción en el pasado que sigue o se repite, "we were" en inglés) y "fuimos" (el pretérito, una acción en el pasado que ya se completó, "we were" en inglés) en dos estados en inglés?

Entre más efectos hay (y hay cada vez más y más efectos) más ondas hay. Entre más ondas hay, más valles hay entre las ondas. Valles donde no podemos ver qué está sucediendo. Donde no podemos ver qué se está haciendo, qué se está construyendo, dónde caminar, cómo respirar dentro del riesgo. Cuáles son los efectos.

Copio la frase de Dolores: *El lugar que construye el lenguaje.* "El lugar que construye el lenguaje" es el lugar construido por el lenguaje, y es el lugar en el cual el lenguaje está construido. Construir y estar construidxs simultáneamente, repetidamente, en el paisaje, en el lugar común, fuera de lo común: existir.

Copié (es decir, traduje) esa frase al inglés como "The place language constructs"—una elección, un estrechamiento, una apertura, una predeterminación. Ni idéntica ni exacta. En español, "el lugar que construye el lenguaje" contiene una elasticidad sintáctica que no quiere manifestarse en inglés.

En inglés o tenemos "el lugar que el lenguaje construye" o "el lugar construido por el lenguaje"; en español podemos tener los dos. Deshechxs y deshechxs.

*

En un contexto de rabia implacable, de pérdida agotadora, de quebrantamiento devastador, ¿cuáles opciones existen para la articulación, aparte de estar enfurecidxs e indignadxs, estar perdidxs, estar quebrantadxs? En tales contextos, ¿dónde pueden abrirse fisuras de resistencia mientras una persona empieza a construir o pedir prestado o rechazar o habitar un estilo? Estas son las preguntas para las que no tengo y no tendré respuestas. ¿Cómo puede una persona ser en tales contextos? ¿Cómo puede una persona hacer todo lo que está en su poder para no negarse al ser en tales contextos?

*

El lenguaje es una fuerza. El lenguaje es una violencia. El lenguaje es una apertura. El lenguaje es neutral. El lenguaje es cargado. El lenguaje es una electricidad. El lenguaje es una chispa. El lenguaje es un nexo. El lenguaje es una cuña. El lenguaje no es nada. El lenguaje lo es todo.

Jen Hofer
Los Ángeles, septiembre de 2015
Traducción: Jen Hofer con el apoyo de Hugo García Manríquez

Gracias a lxs editores que han apoyado la vida pública de estas traducciones, antes de su publicación con la maravillosa Kenning Editions: Johannes Göransson de *Action Yes*, Jèssica Pujol Duran de *Alba Londres*, Brian Droitcour de *The Animated Reader*, Paula Abramo de *Área Libre*, Ángel Domínguez y Andrea Rexilius de *Bombay Gin*, Correen Dekker y Annemarie Ketting de *Poetry International*, y Steve Orth de *Where Eagles Dare*.

Suelo agradecer a varias personas por hacer posible mi trabajo—y definitivamente muchas personas contribuyen a mi capacidad de hacer mi trabajo—pero este libro me pareció, de hecho, durante su construcción, y me sigue pareciendo, imposible. Estoy agradecida con Dolores por todas las imposibilidades y todas las posibilidades que lleva a mi vida. Y estoy agradecida con Rob Ray por acompañarme a todas partes, y más allá.

Thank you to the editors who have supported the public life of these translations prior to their publication with the most wondrous Kenning Editions: Johannes Göransson at *Action Yes*, Jèssica Pujol Duran at *Alba Londres*, Brian Droitcour at *The Animated Reader*, Paula Abramo at *Área Libre*, Ángel Domínguez and Andrea Rexilius at *Bombay Gin*, Correen Dekker and Annemarie Ketting at *Poetry International*, and Steve Orth at *Where Eagles Dare*.

I usually thank a number of people for making my work possible—and certainly many people contribute to my capacity to do my work—but this book actually felt, during its making, and continues to feel, impossible to me. I am grateful to Dolores for all the impossibilities and all the possibilities she brings to my life. And I am grateful to Rob Ray for accompanying me everywhere, and then some.

—Jen Hofer

KENNING EDITIONS

DISTRIBUTED BY SMALL PRESS DISTRIBUTION. SPDBOOKS.ORG

WAVEFORM, BY AMBER DIPIETRA AND DENISE LETO

PQRS, BY PATRICK DURGIN

PROPAGATION, BY LAURA ELRICK

TARNAC, A PREPARATORY ACT, BY JEAN-MARIE GLEIZE, TRANSLATED BY JOSHUA CLOVER WITH ABIGAIL LANG AND BONNIE ROY

THE KENNING ANTHOLOGY OF POETS THEATER: 1945-1985, EDITED BY KEVIN KILLIAN AND DAVID BRAZIL

INSOMNIA AND THE AUNT, BY TAN LIN

THE COMPLEAT PURGE, BY TRISHA LOW

AMBIENT PARKING LOT, BY PAMELA LU

SOME MATH, BY BILL LUOMA

WHO OPENS, BY JESSE SELDESS

LEFT HAVING, BY JESSE SELDESS

HANNAH WEINER'S OPEN HOUSE, BY HANNAH WEINER, EDITED BY PATRICK DURGIN

ORDINANCE

AVAILABLE EXCLUSIVELY BY SUBSCRIPTION FROM THE PRESS. KENNINGEDITIONS.COM

ORDINANCE, A NONFICTION SERIES, BY DANIEL BORZUTZKY, JULIETTA CHEUNG, DANIEL SPANGLER, ANDREW DURBIN, CASSANDRA TROYAN, MARGIT SÄDE, CARLA HARRYMAN, ETC.